J'AIME BEAUCOUP
CE QUE VOUS FAITES

Carole GREEP

Éditions ART ET COMÉDIE
3, rue de Marivaux
75002 PARIS

J'AIME BEAUCOUP
CE QUE VOUS FAITES

a été créée à Paris, au théâtre le Mélo d'Amélie,
le 2 septembre 2003

Mise en scène : Xavier Letourneur
Décor : Thierry Benoist
Musique : Alexis Degay

Avec
(à la création)

Juliette Galoisy	Carole
Gaëlle Lebert	Marie
David Talbot	Charles
Dominique Bastien	Pierre

NOTE DE L'AUTEUR

C'est rare qu'une pièce de théâtre puisse faire changer les comportements. Il n'empêche qu'en sortant de *J'aime beaucoup ce que vous faites*, tout le monde pense à verrouiller son portable. J'aime beaucoup l'idée que les gens puissent s'identifier aux victimes comme aux bourreaux et j'aime l'idée que les victimes puissent devenir des bourreaux et réciproquement. Parce que personne n'est tout blanc, ni tout noir, ni tout gris clair...

Carole GREEP

PERSONNAGES

PIERRE : Producteur publicitaire. Ultra-bronzé aux U.V. Look sport chic avec pull noué sur les épaules.

MARIE : Femme de Pierre. Assistante de direction. Deux paires de lunettes sur le front. Trop habillée pour la campagne. Accessoires de mode (ceinture...).

CHARLES : Auteur en devenir. Look cool : jean, tee-shirt.

CAROLE : Femme de Charles. Travaille à son compte. Look cool campagne pas très soigné.

Maison de campagne style vieille bicoque retapée. Le salon et la cuisine américaine sont attenants.

Sur le fauteuil du salon, Charles tient un magazine dans ses mains, qu'il retourne dans tous les sens avec l'air de ne pas tout comprendre, puis, ayant trouvé le sens de la photo, il est soulagé.

CHARLES - C'est quand même fou tout ce qu'on peut faire aujourd'hui avec un vagin.

Carole arrive. Elle est occupée à ranger les magazines qui traînent, avec un art et un ordre que seule elle doit comprendre. Elle fait une pile de magazines, puis la bouscule. Elle dérange savamment un bouquet de fleurs. Charles la regarde faire en soupirant.

CHARLES - T'as pas l'impression de vivre dans la double page centrale d'un « Marie Claire Déco » ?

CAROLE - Non.

CHARLES - On vit dans un magazine de décoration ! Il ne manque plus que la légende en bas à droite.

CAROLE - C'est le style à la mode : bohème, version rangé-dérangé… tu vois, un petit côté brouillon, laisser-aller, mais parfaitement calculé ! Chaleureux, quoi !

Charles - Ce qui m'épate, c'est que tu t'appliques très consciencieusement à foutre le bordel ! En gros, tu mets des heures à faire ce que je peux faire en cinq minutes ! Et ton bordel, il est tellement calculé qu'on ne peut plus y toucher ! La cuisine, on dirait une nature morte de Chardin. J'ose même plus bouffer un yaourt parce que ça n'irait pas dans le tableau ! Sans compter que ça n'existait pas à l'époque de Chardin les Danone Kid double saveur.

Carole - Hé ! ho ! T'as qu'à aller vivre dans une boutique Esso sur le bord de l'autoroute, si t'es pas content !

Charles - Non, mais, tu vois, je trouve que ça nous ressemble de moins en moins ici. Ça manque de naturel… Tu sais quoi ? Ça ressemble de plus en plus à l'idée qu'on voudrait que les autres se fassent de nous : des gens qui gagnent de plus en plus d'argent et qui veulent en mettre plein la vue. Il manque plus que la pile de DVD, l'appareil numérique… et on est foutus !

Carole - Oh non, on n'est pas encore foutus, je compte sur toi… Parce que d'ici à ce que tu publies quoi que ce soit et qu'on soit pétés de blé avec ta littérature, y a encore de la marge, je peux encore en acheter des appareils photo jetables ! *(Elle ramasse un slip et une chaussette qu'elle brandit.)* Et puis je te rassure aussi : les slips et les chaussettes sales qui traînent, j'en ai encore jamais vu dans les « Marie Claire Déco ». Et puis t'oublies que Pierre et Marie viennent passer le week-end ici. Je voudrais les recevoir dans une jolie maison, propre, alors laisse-moi encore ma journée de déco et puis lundi, je te promets, je vomis partout…

Elle va côté cuisine préparer le dîner tandis que Charles se met à son bureau, devant son ordinateur, et commence à taper.

CHARLES - Ils sont en retard, non?

CAROLE - Pierre m'a appelée quand ils partaient de Paris. Mais c'est vrai que là, ça fait bien deux heures... Peut-être qu'ils se sont arrêtés. Ce soir, en entrée, je fais du foie gras sur des toasts, et puis après ma sole à la poire en gelée.

CHARLES - Ah non! Pas la sole à la poire en gelée, c'est pas bon, je t'en supplie!

CAROLE - Eh bien, alors mon rôti de porc au miel.

CHARLES - D'accord pour la sole à la poire en gelée.

CAROLE - Merci, c'est agréable. Bon, O.K., je ne suis pas une super cuisinière, mais avoue que j'y mets beaucoup de bonne volonté, quand même...

CHARLES - C'est vrai, malheureusement, ça ne se mange pas la bonne volonté. *(La charriant.)* Non, franchement, c'est tout à fait acceptable ce que tu fais à manger, parfois même c'est pas mauvais... Tu te rappelles la fois où tu as fait une tarte à... à rien?!

CAROLE - J'avais oublié de mettre la garniture! Ça peut arriver à tout le monde!

CHARLES - Papa en avait repris deux fois!

CAROLE - Il est poli, quand même, ton père. Et puis, il aime bien la pâte...

CHARLES - S'il ne s'était pas étouffé, je te jure qu'il en aurait repris une troisième fois...

11

Carole - Une nuit aux urgences, ça n'a jamais fait mourir personne! Ce soir, je te promets, je vais vous épater! J'ai vérifié, il ne manque pas de pages dans le livre de recettes, c'est écrit gros, en attaché, en français, je n'ai aucune raison de ne pas y arriver.

Carole essaie de faire fonctionner le grille-pain tandis que Charles lit à voix haute de façon inspirée une phrase qu'il vient d'écrire.

Charles - Valérie, je mange un rôti de porc, je pense à toi...

Carole - Eh bien, elle est peut-être nulle, mais elle t'inspire, ma cuisine! Dis donc, j'espère que ça n'est pas autobiographique et que si c'est autobiographique, t'as une maîtresse parce que moi, j'aurais préféré : « Je mange un émincé de volaille, je pense à toi. »

Charles - Non, c'est un roman et pas autobiographique... Si ça l'avait été, j'aurais écrit : « Mon amour, je farcis une dinde, je pense à toi! »

Carole - Fini les métaphores, je sens que je commence à être susceptible, là... En tout cas, si ton roman ne marche pas, tu peux toujours écrire un livre de recettes! Dis-moi, c'est quoi l'histoire de ton chef-d'œuvre?

Charles - Ben, c'est l'histoire d'une femme... mais j'suis pas encore calé là-dessus.

Carole - Ah ouais, d'accord... *(Pour elle.)* Heureusement que je bosse, moi.

Charles - Mais j'ai déjà le titre.

Carole - Ah bon? C'est quoi?

CHARLES - « Prix Goncourt ». Ben ouais, comme ça au moins les gens pourront dire : « Tiens, c'est celui qui a écrit le "Prix Goncourt" », c'est toujours ça de pris.

CAROLE - Faut que ça marche, faut que ça marche, tu vas y arriver, je le sens… Ton premier roman est génial, il va bientôt être signé, je le sens.

CHARLES - Ben tu sais, Pierre m'a dit qu'il m'avait recommandé auprès d'une amie éditrice qui doit me rappeler ce week-end pour me donner une réponse ferme, et ça m'a l'air bien parti.

CAROLE - Il est quand même génial Pierre, il n'était pas obligé… Ce type croit en toi, c'est ton ami, il faut que tu te serves de lui dans le bon sens ; tu écris des scénarios, profites-en.

CHARLES - Je sais que je devrais en profiter, mais j'ai l'impression que lui demander des tuyaux, des services, ça va pourrir nos relations. J'ai pas envie d'être redevable de quoi que ce soit, et puis c'est à sens unique, il ne peut rien me demander…

CAROLE - Tu rigoles ! On vit dans l'époque du « copinage plus plus ». C'est plus le talent qui marche, mais les relations et le vedettariat. Alors vas-y, fonce !

CHARLES - Il produit des pubs, pour l'instant. Le long-métrage, c'est encore autre chose. Et puis je lui ai donné mon scénario préféré la dernière fois, je ne sais même pas s'il l'a lu !

CAROLE - Demande-lui.

CHARLES - J'ose pas, faut que ça vienne de lui.

CAROLE - Eh ben, on n'est pas arrivé! Tiens, fais-moi penser à débrancher le répondeur.

CHARLES - Non, surtout pas.

CAROLE *(fait griller des tartines)* **-** Ben si! On le laisse tout le temps, c'est chiant, on vit en différé. On ne prend aucun appel, on est obligé de rappeler tout le monde, on perd un temps fou. Et puis si elle appelle, l'éditrice, il faudra lui répondre, tu sais…

CHARLES - Non, je veux que tu le laisses. Parce que si elle m'annonce une mauvaise nouvelle, il y aura plus de distance entre mon oreille et sa voix, j'ai l'impression que ça me fera moins mal… J'sais pas, c'est psychologique…

CAROLE - Et puis si c'est une bonne nouvelle?

CHARLES - Eh bien, je pourrai te serrer dans mes bras pour fêter ça… C'est le kit « mains libres ». *(Il la serre dans ses bras.)*

CAROLE - Bon, d'accord.

Les tartines brûlent, le grille-pain fume et Carole remplit un verre d'eau qu'elle jette sur le grille-pain pour l'éteindre.

CHARLES - La résistance, putain! La résistance!

CAROLE - Tu ne m'avais pas dit que tu écrivais sur Jean Moulin…

CHARLES - La résistance du grille-pain, patate! Tu viens de griller la résistance et bousiller le grille-pain! Ah ça, les femmes, pour ça vous n'êtes pas douées!

Faut dire qu'avec dans le cerveau un hémisphère « chaussures » et un hémisphère « soldes », c'était pas gagné…

Carole - D'abord, pas « patate » et ensuite, vous avec votre hémisphère « foot » et l'autre « j'en branle pas une », c'est pas mieux !… Si j'avais su que tu t'étais lié à ce point avec ce grille-pain, j'aurais fait plus attention… Alors, voilà, j'avais prévu de faire des toasts pour ce soir… du foie gras sur des toasts… Oh, mince, c'est dommage, enfin…

Charles - Bon, il faut absolument que je répare ce grille-pain, parce qu'en cuisine, je compte beaucoup sur ce que tu ne fais pas toi-même, genre le pain et le foie gras, l'eau, les serviettes en papier, tout ça…

Ils regardent la bête, assis tous les deux sur le canapé. Le téléphone sonne et le répondeur se met en route à la première sonnerie. On entend le déroulé du message : « Bonjour, vous êtes bien chez Carole et Charles, nous ne sommes pas là, peut-être dans le jardin, merci de laisser un message », puis le bip. Carole et Charles sont très attentifs au cas où ce serait l'éditrice.

Si le plateau est grand, on peut imaginer qu'il soit partagé pour voir Pierre et Marie dans leur voiture et simultanément observer les réactions de Charles et Carole qui entendent tout en direct.

Pierre et Marie sont en voiture.

Pierre - Bon, il y a marqué quoi sur la carte ? C'est quoi le nom du village ?

Marie *(déchiffrant la carte)* **-** Mi… che… lin, on vient de passer à Michelin, c'est ça ! On est à Michelin !

PIERRE - Non, on n'est pas à Michelin, tu es tout simplement sur la couverture et plus sur la carte ! Et d'ailleurs tu pourras remarquer que c'est tout vert et qu'il y a un Bibendum et ça ne veut pas dire qu'on passe dans une forêt où vit un géant ! Donne-moi cette carte ! Putain, les femmes, c'est une vérité, vous ne savez pas vous projeter en 3D.

MARIE - Parce que toi, tu sais te projeter dans la troisième dimension peut-être ? Parce que toi, tu sais te projeter dans la troisième dimension peut-être ! Ah ben ça doit être joli à voir... Pff... Tu me préviendras le jour du décollage !

Pendant ce début de conversation téléphonique, Carole s'est rapprochée du répondeur, a augmenté le volume.

CAROLE - Mais c'est Pierre ! Ça m'est déjà arrivé : il a mal verrouillé son clavier de portable. Il a dû appuyer sur une touche qui recompose le dernier numéro qu'il a fait et voilà, il nous a appelés sans le savoir, il ne sait pas qu'on entend.

CHARLES *(amusé de la situation mais un petit peu gêné, il commente la situation comme un gosse)* - Délicat. Ah, ça c'est fort quand même ! En plus... Aïe ! aïe ! aïe ! Ils s'engueulent... Oh non ! Ils se sont perdus pour venir chez nous ! Oh, les cons !... Il faut couper ça, c'est pas bien, c'est mal. C'est très très gênant. Drôle. Mais gênant. Mais drôle. Mais gênant... Mais drôle.

CAROLE - Oh oui, c'est drôle ! Déjà, je pensais que c'était le couple idéal, j'vois bien qu'ils s'engueulent comme tout le monde.

Pendant toute la scène, Charles et Carole sont assis sur le canapé à écouter leurs amis. Curieux, ils se rapprochent du répondeur pour entendre. Au début, ils sont assez excités et amusés de la situation.

Marie et Pierre sont en voiture.

MARIE - Oui, eh bien je te signale que c'est pas évident parce que c'est tout petit, les chemins sont tout petits, alors…

PIERRE - Evidemment que c'est tout petit ! On n'a jamais fait de cartes grandeur nature ! La carte grandeur nature, on est en train de rouler dessus, je te signale. Ça s'appelle la Terre.

MARIE - Oh, ça va, monsieur « plus-intelligent-que-tout-le-monde » !

PIERRE - Bon, en tout cas, on est paumés. Et puis c'est pas possible qu'il n'y ait pas âme qui vive dans ce patelin… Remarque si, quand tu vois la laideur du truc… Et puis alors c'est pas ici qu'ils ont inventé le beau temps, ça c'est sûr… Et le plan que Charles nous a fait sur une serviette, au resto, il est où ?

MARIE - Je me suis mouchée dedans. Oui, eh bien il n'y avait plus de Kleenex, je n'ai pas fait attention…

PIERRE - Bon, eh bien file-le quand même !

MARIE - Oh non…

PIERRE - Ça fait cinq ans qu'on est ensemble, tu ne vas pas me la jouer pudique. De la morve, c'est de la morve ! Allez, file !

MARIE - Oui, peut-être, mais pas au sein d'un couple... Jamais ! Plutôt crever ! Je ne me suis pas enquiquinée pendant cinq ans à préserver mon couple en portant des porte-jarretelles tous les jours, en faisant attention à ne jamais laisser traîner un Tampax, en allant aux toilettes rarement et hyper-discrètement voire à me faire des occlusions intestinales, pour que tout foire à cause d'une glaire ! De toute façon, je l'ai jeté, alors... Et puis, ça ressemble à un acte manqué, parce que tout simplement, je n'ai pas envie d'y aller. J'n'ai pas envie d'y aller, j'n'ai pas envie d'y aller !

La mine de Charles et Carole commence à être moins détendue. Ils finissent à la fin de la scène complètement dépités.

CHARLES - Drôle. Mais gênant... Mais vraiment gênant.

PIERRE - Et moi donc ! Tu crois que ça m'enchante de faire ma B.A. de l'année ? Non, ça me gave même. Ça fait quoi, trois, quatre mois qu'ils nous bassinent pour qu'on vienne. Voilà, c'est fait ! Enfin, presque. Je rate un golf avec Paul, crois-moi que ça me coûte !

MARIE - Et moi, je devais aller me faire décoller les racines, c'est foutu !

PIERRE - Attends, tu te les feras décoller un autre jour ! De toute façon, dans ce trou à rat, que tu aies les racines décollées ou pas, tu seras toujours la plus belle... il n'y a pas de mal !

MARIE - Oh ! amour, bijou, joujou, hibou, pou...

PIERRE - Non, mais quelle idée d'aller s'enterrer dans un trou pareil alors qu'on n'est même pas mort…

MARIE - Tu vois, ça ne m'étonne pas ce que tu dis. Carole, elle change, je trouve. Elle ne s'habille plus, elle ne se maquille plus, elle ne met plus de marques, elle ne vient plus faire les soldes. On n'a plus beaucoup de sujets de conversation. Elle se néglige, tout bonnement.

CAROLE - Négligée mon cul, ouais !

PIERRE - Il fut un temps où vous étiez copines comme cochonnes !

Carole est affalée sur le canapé pour écouter, dans une position très masculine, qu'elle ajuste subtilement en entendant les commentaires.

MARIE - Charles, c'était ton meilleur ami, alors par la force des choses, j'étais amie avec sa copine, j'ai eu une éducation, tu sais. Quand on faisait de la danse ensemble, c'était drôle. Tu l'aurais vue… Autant apprendre à un veau à danser. Aucune grâce, aucune élégance… Et puis alors, la cuisine… hein ? *(Ils rient.)* Non, mais hein ?

PIERRE - Ah ouais…

MARIE - Ah, tu vois… Pff… je rigole trop…

CAROLE - Tu vas voir, tu vas pas rire longtemps, toi !

MARIE - Non, mais c'est dégueulasse ce qu'elle fait à manger ! Qu'est-ce qu'on mange mal… Pour une femme, ne pas savoir cuisiner et recevoir, aujourd'hui en 2003, moi ça me gêne… Et puis alors, je ne sais pas pourquoi elle s'est mis dans la tête de nous faire du foie gras avec des toasts, certainement parce que c'est pas elle qui le fait… En tout cas, bing! tu peux être sûr, Noël, pas Noël, qu'à chaque fois on y a droit…

PIERRE - Si elle n'invente pas une recette, on peut dire qu'on a de la chance.

MARIE - Du foie gras, je veux bien, mais du bon…

CHARLES - Mais, euh… arrêtez!

PIERRE *(toujours en voiture)* - Moi, je te parie que je vais devoir me taper son dernier roman, ou son dernier scénar à lire… Déjà j'ai pas lu l'autre, là, le scénar de sa vie qu'il m'a donné à lire la dernière fois, j'ai jamais pu passer la troisième page, j'm'endors systématiquement à la fin de la deuxième… Ceci dit, si t'es insomniaque, c'est plutôt pratique! Et puis, c'est pas fluide, je bute à chaque mot, il y a à peu près une faute par mot, voire une faute par lettre… alors… Non, tu vois, au niveau littérature, il y a la plaque… *(Il désigne un endroit fictif avec ses mains.)* Eh bien lui, il est juste là, à côté. Remarque, c'est de ma faute aussi. Son premier roman, je l'ai donné à une copine éditrice sans le lire. Tu me diras, elle ne l'a pas lu non plus, elle m'a promis de l'appeler ce week-end pour lui dire non!

CHARLES *(les dents serrées)* - Ah, le connard… Il parle la langue de pute couramment, lui! Il a dû faire langue de pute en deuxième langue!

PIERRE - Il devrait un tout petit peu se remettre en question et faire quelque chose de moins prétentieux, il y a bien un truc où il doit être doué! Je sais pas, moi, du jardinage! Mais non, monsieur n'accepte aucune commande et vas-y que je suis intègre! Intègre et pauvre, ça, ça va toujours ensemble.

MARIE - Attends, il y a un moment où les chemins bifurquent…

Pierre freine brutalement, ce qui projette le couple violemment en avant.

PIERRE - Où ça ?

MARIE *(qui n'a rien compris à ce freinage brutal)* - Dans la vie ! *(Pierre souffle, soulagé.)* C'est vrai, nos chemins divergent. On ne se comprend plus : ils rament et nous on gagne bien notre vie, ça crée un fossé, c'est difficile à admettre, on ne peut plus faire les mêmes choses qu'avant… C'est la vie. On a beau dire, quand on n'a plus le même train de vie, c'est difficile de garder ses amis et de se retrouver des points communs. Moi, je ne peux plus partir en vacances sans un certain confort… Eux, c'est toujours des plans galères sous prétexte de découvrir le pays et les gens. Au Club Med, je suis désolée, les jardiniers, c'est des locaux, et ils sont très gentils, hein, on les connaît aussi bien. Je ne vois pas pourquoi il faudrait se torturer en vacances.

PIERRE - Enfin, bon, on ne va pas en rajouter non plus, maintenant, on est tout près. On y va, tant pis, ça n'est qu'un week-end à passer ! Tiens, à propos de bifurquer, c'est pas là qu'on doit tourner ?

MARIE - Euh, je suis presque sûre…

PIERRE - « Presque sûre », ça ne veut rien dire. Soit on est sûr, soit on n'est pas sûr… mais presque sûr, ça annule tout. Alors…

MARIE - Oui, c'est là !

Pierre - Tu sais qu'ils n'ont toujours pas de voiture? Ils roulent à moto… « Easy Rider »! Le problème, c'est qu'il est resté coincé il y a dix ans, lui. « Je refuse la société, j'y arriverai par mes propres moyens sans compromission, j'fume un pétard de temps en temps », ça allait avant! La vie de bohème à trente-cinq ans, merci bien! Aaahh… Vivre d'amour et d'eau fraîche! Moi, je veux bien vivre d'amour et d'eau fraîche mais avec du filet de bœuf et des morilles!

Marie - Oh! on a oublié, on n'a pas acheté de cadeau!

Pierre - T'inquiète pas, il y a Barnier, mon client qui m'a rincé pour un gros budget qu'on a décroché, j'ai eu en cadeau une caisse de Dom Pérignon! Elle est dans le coffre.

Marie - Ah, toi… Dis, tu n'as pas un peu forcé sur les U.V.? T'as les pores tout dilatés, mon chéri.

Carole s'est levée, livide, et a coupé le répondeur. Du coup, la scène côté Pierre et Marie s'éteint.
Charles prend le combiné et raccroche plusieurs fois de suite comme si ça pouvait annuler ce qu'ils viennent d'entendre.

Carole - Tu permets? Je vais vomir.

Elle s'en va aux toilettes pendant que Charles, abasourdi, reste sur le canapé. Il met du temps avant de parler.

Charles - Ouais, ouais, ouais… Ouais, ouais, ouais… Eh bien… Ouais, ouais, ouais… Ça fait juste l'effet d'une bonne baie vitrée qui s'écroule sur ma gueule… Ouais, ouais, ouais… Putain, je suis dégoûté quoi.

CAROLE - Je suis dégoûtée.

CHARLES - Non, c'est tout simplement immonde, je… je…

CAROLE - Putain ça fait mal. Ah, les putes !

CHARLES - Alors ça, c'est formidable ! Ils sont d'une banalité, finalement ! Ils me surprennent dans leur banalité. Parce que tous les couples du monde, du monde entier même, c'est systématique : dès qu'ils sont dans leur voiture, il faut qu'ils disent du mal des gens… On dirait que c'est en option : ABS, double airbag, GPS et langue de pute en série !

CAROLE - Fais-moi penser à ne jamais acheter de voiture, je crois que ça rend con.

CHARLES - Non, mais les voitures… ce qu'elles entendent… J'te jure, dès que les gens sortent de chez toi, ça peut être ton meilleur ami, tes parents, ton frère, ils rentrent dans leur voiture et ça y est, t'es foutu ! Je te promets, parfois, j'aimerais bien être une voiture. Ouais, je vais me réincarner en Opel Corsa. Bon, appelle-les tout de suite, on trouve un prétexte bidon et on annule.

CAROLE - Non. On ne va pas annuler.

CHARLES - Attends, ils arrivent… Ces connards arrivent chez nous. Tu ne veux pas qu'on les accueille avec un collier de fleurs autour du cou en jouant du ukulélé, non plus !

CAROLE - Non, mais on ne va pas passer à côté d'une si belle partie de rigolade, tout de même ! Ils ne savent pas qu'on sait… On va voir à quel point ils sont faux.

C'est rigolo de savoir que les gens avec qui tu parles ne pensent pas un mot de ce qu'ils disent !

CHARLES - Rigolo, rigolo, euh… je ne suis pas sûr qu'on ait le même sens du rigolo !

CAROLE - On pourra juger de leurs capacités de comédiens, voir à quel moment ils transpirent, à quel moment leur regard est fuyant, à quel moment ils sont vraiment mal… Parce qu'il va falloir que l'on joue, nous aussi : on ne va pas leur balancer la vérité en pleine poire dès le début, sinon je te connais, tu vas foutre ton poing dans la gueule de Pierre, ça va être un bain de sang à la première minute.

CHARLES - Euh… toi, t'es perverse, c'est pas pareil. Pour toi, tout est un jeu. Nos meilleurs amis ne peuvent pas nous saquer, c'est quand même grave ! Et puis je suis pas comédien, moi !

CAROLE - Oui, mais on a le choix entre un week-end de rigolade et un week-end de déprime. Et on n'a qu'une vie. Et puis je pense qu'eux aussi, ils ont besoin de leur électrochoc, on ne peut pas les laisser en liberté comme ça. Il faut aussi qu'ils repartent d'ici différents. C'est le minimum que l'on puisse faire pour eux. Ah non, moi, je ne peux pas laisser passer ça…

CHARLES - Mais comment on va s'y prendre ? Ça consiste en quoi ton jeu ? Tu sais, moi, j'ai toujours été nul pour ces trucs.

CAROLE - On les fait parler, on les laisse parler, tant que ça nous amuse, et tout à coup, paf ! c'est l'estocade !

CHARLES - N'oublie pas qu'ils peuvent changer le cours du jeu eux aussi… Ils sont vivants et… ça peut être drôle, mais dangereux. Mais drôle. Mais dangereux…

CAROLE - Mais drôle. Au pire, on risque de perdre des amis… Ça t'angoisse de perdre ce genre d'amis ? Après ce que tu as entendu ? Ecoute, on se lance dans l'arène et on verra bien. O.K. ?

CHARLES - O.K.

Ils se tapent dans les mains comme des potes pour s'encourager.

CAROLE - Le veau marin va prendre sa douche.

CHARLES - Attends, ne me laisse pas ! S'ils arrivent…

CAROLE - S'ils arrivent, tu fais comme si de rien n'était.

Elle sort.

CHARLES - De rien n'était, de rien n'était, je voudrais t'y voir, toi, de rien n'était ! Il faut se détendre, il faut se relaxer.

Il fredonne une chanson entre ses dents. Puis, il met un disque de relaxation et, résolu à se détendre comme un boxeur avant un grand match, il s'étire, fait quelques petits mouvements, avant de prendre la position du lotus. Il exécute ce que la femme du disque dit.

LE DISQUE *(voix de femme zen et sensuelle)* - Imaginez que vous êtes une plante verte… concentrez-vous… vous êtes d'abord les racines… puis la tige, vous vous ouvrez en corolle…

CHARLES - T'as raison, connasse !

Il se lève d'un bond, hyper-énervé, et stoppe immédiatement le disque.

On entend un bruit de voiture qui s'arrête dans la cour, puis des portières qui claquent. Charles, comme un gosse qu'on aurait pris en flag, va dans tous les sens, fait n'importe quoi, se recoiffe. Puis, au moment où la sonnerie retentit, se trouve une mine de mec bien et détendu, puis il va ouvrir.

CHARLES - Merde merde merde merde merde merde merde... *(Regardant dehors, commentant.)* Salut, ça va ?... Euh... vous êtes garés quand même très très près du mur et très près de la porte ! Ben voilà, tu ne peux pas sortir, maintenant, logique. Tu sais, c'est une maison, c'est pas un ferry-boat, on ne peut pas rentrer les voitures à l'intérieur, non, non, non ! *(Il se force à rire.)*

PIERRE *(off)* **-** Tu n'as pas perdu ton sens de l'humour, toi ! Désolé, je pensais que c'était la grange et que la maison était plus loin...

CHARLES - Eh bien, tu vois, c'est le contraire ! *(On entend un bruit de manœuvre. Arrivent Pierre et Marie.)* Ah, enfin là ! On vous attendait de pied ferme. Vous vous êtes perdus ou quoi ?

PIERRE - Oh non ! Tu penses, avec le plan que tu nous as fait, c'était les doigts dans le nez ! *(Il se force à rire à nouveau. Petit regard complice à Marie qui ravale un sourire. Il insiste lourdement.)* Les doigts dans le nez, hein Marie !

CHARLES - Elle est bonne, celle-là, « les doigts dans le nez » !

PIERRE - Non, parce que c'est qu'avec Marie, dans la voiture, tout à l'heure… *(Regard assassin de Marie.)* Rien, enfin, c'est drôle comme expression, « les doigts dans le nez » !

Tous s'embrassent pour se dire bonjour. Pierre serre Charles dans ses bras très longtemps et très fort. Charles est un peu gêné.

CHARLES - Alors, la région ?

PIERRE - Ecoute, même dans le brouillard, sous la flotte, de nuit, ça a l'air formidable, un vrai petit coin de paradis !

MARIE *(regarde partout, atterrée)* - C'est d'enfer !

PIERRE - Putain que ça fait du bien de se revoir ! Mais putain que ça fait du bien ! Ça fait quoi, bien six mois qu'on s'était pas vus ! C'est simple : depuis que vous retapez la baraque… Dis donc, t'as « pâlichonni », toi… t'es tout pâlichon ! Faut que tu fasses gaffe, hein ?

CHARLES - Ça va, ça va, merci… Alors que toi, au contraire, tu as des couleurs qui n'existent pas dans l'arc-en-ciel…

PIERRE - Il paraît que je fais vachement monter la mélanine. Quelque chose d'incroyable ! C'est le pigment qui donne la coloration à la peau. Je bronze furieusement, quoi.

MARIE *(depuis qu'elle est arrivée, elle regarde partout, atterrée)* - Mon dieu ! C'est moche ! Vous vous êtes fait cambrioler ? Ils n'ont rien pris d'important ?

CHARLES - Ah non, on ne s'est pas fait cambrioler. C'est juste une nouvelle tentative de décoration de Carole. Le bordel organisé, voulu. Je te rassure, moi aussi, quand je rentre le soir, j'ai toujours l'impression qu'il y a eu une perquisition ! Bien, bien, bien, bien... Nous aussi, on vous attendait avec impatience. Vraiment. Carole est sous sa douche, elle ne va pas tarder. Posez vos sacs ici, on les montera tout à l'heure... *(Silence gêné. Charles regarde Marie, qui a deux paires de lunettes sur le front.)* Marie, tu le sais certainement mais tu as deux paires de lunettes sur le front.

MARIE - Oui, mais tu sais, la mode change tellement vite !

CHARLES - Tu sais, ici, elle n'a pas changé depuis deux siècles, alors...

PIERRE - Moi, je veux bien un truc frais pour l'instant, j'ai chaud...

MARIE - Moi aussi, j'ai chaud, mais j'ai chaud... Il fait lourd, mais lourd !

CHARLES *(en allant chercher des boissons)* - Hum... il va y avoir de l'orage, je pense, le temps est orageux. Ça va craquer ce soir...

MARIE - Déjà tout à l'heure, ça commençait à gronder...

PIERRE - C'est fou ça, on n'a pas eu d'été... pfiou...

CHARLES - Ouais. Remarque, on n'a pas eu d'hiver non plus.

PIERRE - Je ne te parle pas de l'automne et du printemps...

MARIE - Ça, c'est sûr.

PIERRE - On a beau dire, mais le temps, c'est plus ce que c'était !

CHARLES *(revient avec de l'eau et quatre verres)* **-** Mais à qui le dis-tu !

Silence.

PIERRE - A toi. *(Il boit.)* De l'eau ! C'est de l'eau du puits ?

CHARLES - Non, du robinet.

PIERRE - Elle a un p'tit goût de pluie. Enfin, vous avez le tout-à-l'égout !

MARIE - Ben ça, les goûts et les couleurs... Et puis attendez, mais attendez, on ne sait plus comment s'habiller ! C'est un vrai problème. Moi, pour aller au travail, le matin, je m'habille léger alors qu'il fait froid, je m'habille chaud alors qu'il fait quarante degrés... enfin, je fais de vraies erreurs...

CHARLES - Ah ben oui, forcément, oui.

PIERRE *(montrant les deux valises à roulettes)* **-** Enfin, là, t'as dû parer à toutes les éventualités avec toutes les affaires que t'as prises... Non mais t'as vu ça, Charles ? Un jour et demi, deux valises ! *(La singeant.)* « Mais ça, c'est au cas où on aille aux champignons... Et ça c'est au cas où on aille à une soirée. Et ça c'est pour dormir, et ça c'est pour se réveiller, parce que pour se réveiller c'est pas la même chose que pour dormir, tu comprends... »

MARIE - Ça va, on a compris, merci, Pierre. Excuse-moi d'aimer la mode.

PIERRE - Oh, ça va, je plaisante… Et puis, c'est mon autre maîtresse qui porte les valises, alors ça ne me dérange pas…

CHARLES - Ah bon?

PIERRE *(faisant un signe de la tête pour montrer l'extérieur)* - Tu vois ce que je veux dire… Là-bas… Mon dernier amour, ma folie… Un vrai bijou à conduire, d'une sensualité! Non, tout est parfait : vitesse, sécurité, ligne et puis le grand coffre, le très grand coffre évidemment…

CHARLES - Ah oui, j'ai vu… Génial! Elle est belle. C'est une pure folie. Elle est bien, elle est vraiment… bien, cette voiture.

PIERRE - On est confort, on est bien dedans en plus. Demande à Marie : on n'a pas envie que le voyage s'arrête, on est tellement bien!

CHARLES - Oh, comme je comprends! Oui, vous devez être bien, on doit avoir envie de parler pendant des heures dans cette voiture…

Arrive Carole, habillée comme si elle allait à l'opéra. Tous la regardent, épatés. Elle exagère et surjoue énormément en embrassant tout le monde.

CAROLE - Salut, les amis, quelle joie, quel bonheur, quelle journée merveilleuse! Que je suis heureuse de vous avoir parmi nous! Je suis bien.

PIERRE *(à Charles)* - Elle s'est mise au catéchisme ou quoi? Quelle tenue!

CAROLE - Oh, un bout de chiffon, trois fois rien…

PIERRE - Pas du tout, tu es vraiment ravissante…

MARIE *(ça lui fait mal de le dire)* **-** Oui, tu es magnifique. Tu vois, Pierre, que j'ai bien fait de prendre des tenues, tu sais, on s'habille comme ça aujourd'hui à la campagne. On est en 2003, voilà !

CAROLE - Pierre, excuse-moi de te dire ça, mais je te trouve assez rouge. T'as chaud aux joues on dirait, non ?

PIERRE - C'est vrai qu'il fait chaud. Et puis surtout, je rentre de tournage. On était à Hawaï, j'ai cramé au soleil.

CAROLE - C'était pas il y a trois mois, ton tournage ?

PIERRE - Enfin si, mais je conserve bien le bronzage, moi. Je fais monter la mélanine comme un dingue.

CAROLE - Ouais. Alors, raconte ce tournage.

PIERRE - Fabuleux. Très émouvant. Une équipe formidable. Génial.

CHARLES - C'était quoi que vous tourniez ?

PIERRE - Le champion du monde de surf. Tu vois, il surfait les plus grosses vagues du monde. Putain, on a un film d'une beauté…

CHARLES - Pas évident comme tournage.

PIERRE - D'autant qu'il devait surfer avec un costume. Tu sais, on lui avait fait un gros costume en mousse, un gros cube qui part de la tête jusqu'aux pieds. Il devait surfer avec ça. Oui, parce qu'en fait, il jouait le rôle d'un cube diffuseur d'odeur dans les chasses d'eau.

C'était une pub pour Harpic, en fait. Tu vois la métaphore : le mec, c'est le cube ; la vague, c'est l'eau de la chasse. Et puis après on décadre, on s'éloigne, on s'éloigne, on s'éloigne et hop ! le couvercle de la lunette tombe et vient fermer le film et le logo arrive : « Harpic fraîcheur marine ». Efficace.

CAROLE - Ah oui, je vois, c'est le même principe qu'« Intervilles ». Le type, il a un gros costume en mousse qui représente un cube diffuseur... Comme les mecs déguisés en langoustes...

PIERRE - Attends, c'est beaucoup plus qualitatif qu'« Intervilles »... T'aurais vu le costard !

MARIE - Et puis, y avait pas Guy Lux.

CAROLE - Mais il devait mourir de chaud, le mec !

PIERRE - C'est vrai qu'il faisait trente-cinq à l'ombre. Alors sur l'eau, comme il n'y a pas d'ombre...

MARIE - Il n'y a pas d'ombre sur l'eau ?

PIERRE - C'est rare qu'il y ait des arbres ou des constructions au milieu de l'océan. Enfin, bref, il crevait de chaud.

CAROLE - Et ça ne nuit pas à son image le fait d'être associé à une cuvette de chiottes ?

PIERRE - Non, au contraire, c'est le mec qui ne se prend pas au sérieux, quoi.

CAROLE - Waouh ! Maintenant, je penserai à toi à chaque fois que j'irai tirer la chasse !

Charles sourit à Carole, complice.

CHARLES - Je vais avoir l'impression qu'il y a un champion du monde de surf coincé dans mes chiottes. Je ne vais plus oser y aller, moi.

CHARLES - Bref, ça devait être émouvant, effectivement. Bon, et si on prenait l'apéro?

CAROLE - Oui, tiens, prenons l'apéro. Alors, j'ai martini, porto, bière, pastis, vin rouge...

PIERRE - Mais attendez! A propos de boire... nous ne sommes pas venus les mains vides.

Pierre fait signe à Marie en claquant des doigts. Elle obéit et va chercher les bouteilles.

MARIE - Je vais chercher les bouteilles. Elles sont dans le coffre.

Marie sort.

PIERRE - Normalement, ça devrait vous plaire!

CAROLE - J'espère que tu n'as pas fait une folie?

PIERRE - Il n'y a pas de folie pour les amis!

CAROLE - Oh, que c'est joli!

Marie rentre avec la caisse de Dom Pérignon. Pierre la fusille du regard, car elle a pris la caisse entière.

PIERRE *(bas, à Marie)* - Marie, tu n'étais pas obligée de prendre la caisse...

MARIE - Ben, je t'ai dit : « Je vais chercher les bouteilles » et t'as rien dit!

CHARLES - Fallait pas, c'est trop. Une caisse carrément ! Oh là là ! Ça me gêne ! Qu'est-ce que c'est ? Oh ! du Dom Pérignon ! Ça me gêne, mais j'accepte. Venant de toi, je trouverais ça impoli de refuser. C'est un cadeau ?

CAROLE - Oh non, il ne fallait pas.

CHARLES - C'est un cadeau ?

PIERRE - Comment ça ? Oui, c'est un cadeau.

CHARLES - J'veux dire c'est un cadeau qu'on t'a fait... euh, que tu nous as fait... enfin bon, c'est un cadeau, quoi !

PIERRE *(à la fois pour Marie en lui faisant comprendre qu'elle a fait une boulette et pour les autres)* - Oui, c'est un beau cadeau, un très beau cadeau, même... Mais c'est un cadeau proportionnel à l'envie de vous revoir ! Voilà !

CAROLE - Tu vois, Charles, il n'y a pas de folie pour les amis ! Eh ben, du coup, on prend tout !

CHARLES - Du Dom Pérignon ! Enfin, ça doit coûter bonbon, ça ! Douze bouteilles de Dom Pérignon, j'en reviens pas...

PIERRE *(dans sa barbe)* - Moi non plus.

MARIE - Ecoute, c'est rien du tout, on peut faire ça pour des amis...

CAROLE - Bon, ben... whisky pour tout le monde !

Ils ouvrent une bouteille entamée et laissent la caisse.

PIERRE - A nos retrouvailles, hein ! Faut plus qu'on passe autant de temps sans se voir, hein ! A cette jolie maison que vous avez retapée avec goût.

CHARLES - Oui, cette grange, tu veux dire ! Tu sais, c'est pour ça qu'on était un petit peu en retrait ces temps-ci : six mois qu'on retape la baraque. Moi, pour finir mon bouquin, je suis très bien là. Carole travaille en free-lance et elle s'occupe d'arranger la maison. On a un potager, du bois pour se chauffer, on n'a besoin de personne, on est bien...

MARIE - Oui, vous vivez en otarie.

CHARLES - C'est ça ! Avec un ballon sur le nez et puis on saute dans des cerceaux en applaudissant avec nos petites nageoires ! Et puis on est très amis avec des dauphins... Non, je crois que tu as voulu dire « autarcie », on vit en autarcie, sans besoin de personne, on se suffit à nous-mêmes.

MARIE - C'est ça oui, pardon. Moi et les mots... C'est rigolo, parce que justement, tout à l'heure, tu as dit : « potager », eh bien dans « potager », il y a le mot « potage », c'est rigolo, non ? Parce que, un potage, c'est fait avec les légumes du potager, ça tombe bien, non ?

CHARLES - C'est pas mal foutu, effectivement... Dans « jardinière de légumes », il y a jardin aussi. C'est pas le hasard, c'est fait exprès. Et si tu fais bien attention aux mots, tu verras qu'il y a plein de choses qui correspondent...

MARIE - En tout cas, moi, ça m'a fait rigoler.

CAROLE - Elle a raison, c'est drôle.

Carole propose des petits gâteaux salés à tout le monde. Pierre tend sa main pour en prendre et Marie le tapote.

35

MARIE - Ton régime ! Pierre, on avait dit que tu arrêtais les Curly ! Le whisky, ça va. Le whisky plus les Curly, non, non, non.

PIERRE - J'en ai marre des sachets, je peux bien faire une entorse quand même !

MARIE *(en lui faisant signe de se calmer)* - Hé ! ho ! « Ping-pong ! » Ce qu'il y a de pire dans la vie, ce sont les Curly !

CAROLE - Tu fais un régime ? T'as tort, il faut grossir, sinon t'auras plus l'air d'un producteur. Le fric, c'est dans le bide que ça se situe ! Tout ce qui déborde de la ceinture, c'est tout l'argent que t'as en plus...

PIERRE - Moque-toi ! Mais tu sais, les restos notes de frais, ça fait partie de mon boulot, et crois-moi, c'est pas rigolo tous les jours. T'es obligé de bouffer avec tes clients, de les arroser, de boire avec eux, et si tu fais pas gaffe, tu grossis.

CAROLE - Un vrai cauchemar, quoi !

MARIE - C'est pour ça que je l'ai mis au régime, parce que je veux qu'il reste beau mon Doudou. Et puis je suis contente, il s'est remis au sport !

CHARLES - Remarque, le golf, c'est pas le sport qui sculpte le plus un corps...

PIERRE - Comment tu sais que je me suis mis au golf ? C'est tout récent.

CAROLE *(gênée)* - Ben oui, comment tu sais ?

CHARLES - Comme ça. A ta façon de regarder... au loin, là... j'ai deviné.

MARIE - En tout cas, c'est le seul sport où tu peux négocier de gros contrats en même temps que tu joues…

CAROLE - C'est vrai que la natation ou le tennis, c'est plus dur pour parler business. Et puis, un mec, il doit être moins crédible en slip de bain. Moi, j'ai tendance à dire qu'on est tous égaux, en slip de bain.

MARIE - Tu as raison pour la plupart… Mais, il y a des maillots de bain qui ne trompent pas : le tissu est de qualité, tu vois le travail, les finitions à la main, les coutures, tu sens la texture au toucher, ça ne trompe pas… Là, tu sais que tu es en face d'une personne de bon goût, tu vois.

CAROLE - Moi, c'est rare que j'aille aussi près du slip de gens que je ne connais pas, mais je veux bien te croire.

MARIE - Après, tu as le coup d'œil…

CHARLES - Bon, c'est quoi cette histoire de sachets, Pierre ?

PIERRE *(on sent qu'on l'a forcé à être convaincu)* **-** C'est un régime à base de protéines. *(Il claque des doigts et Marie va chercher les sachets.)* Tu ne bouffes que des sachets de ce que tu veux, à tous les goûts de la terre. Ils sont équilibrés en protéines, mais attention, pas de graisses et pas de sucre.

CHARLES - Tu ne manges que ça ? Et ça se présente comment ?

PIERRE - C'est une poudre que tu dilues dans l'eau, et après ça fait… une poudre diluée dans l'eau.

MARIE - Mais c'est bien, il y en a à tous les goûts alors c'est pratique, on ne s'en lasse pas! Moi, personnellement, j'adore!

CHARLES - Par exemple, goût « dinde aux marrons »?

PIERRE - Evidemment, pas « dinde aux marrons », mais ils font des trucs, tu n'y croirais pas, Charles : pot-au-feu, tiramisu, poulet au gingembre… et mon préféré, soufflé au fromage.

Charles et Carole le regardent, épatés.

CAROLE - Waouh! Du soufflé en poudre liquide… En tout cas, ce week-end, vous ferez une entorse, parce que moi, j'ai une surprise : je vous ai concocté une recette pour ce soir, j'y ai mis tout mon imaginaire!

PIERRE - C'est énorme!

MARIE - Ah, génial!

PIERRE - Toi alors… Toi alors… Toi alors…

MARIE - C'est dommage que je n'aie pas très très faim parce que la route, ça m'a brassée, mais on fera une exception, c'est clair.

CAROLE - C'est con d'être malade dans une voiture aussi sublime, mais bon…

PIERRE - Je vais aller me reposer un peu, moi, la voiture, ça m'a fatigué… Je peux me reposer?

CHARLES - Ben tiens, je vais te passer un truc qui devrait t'aider à t'endormir… *(Il lui tend un manuscrit.)*

PIERRE - C'est quoi?

Charles - Un scénario. Je l'ai dans mon tiroir depuis deux ans, je ne l'ai jamais montré à personne, Carole n'arrête pas de me tanner pour que je te le fasse lire, alors voilà. Et puis, comme je sais que t'es fan de mon écriture, je préfère que tu aies la primeur. Au fait, tu as lu celui que je t'avais confié la dernière fois ?

Pierre - Je ne l'ai pas lu… non… je l'ai dévoré, mon vieux ! Tiens, rien que le titre, déjà… j'étais accro ! Hein, le titre ?

Charles - « Un tiens vaut mieux que deux tu l'auras ? » Ouais, enfin tu sais, c'est pas de moi…

Marie - Ah bon ?

Pierre - Toujours est-il qu'il fallait le trouver ! Fallait avoir l'idée ! Alors, celui-là, je vais le lire avec intérêt, je suis un inconditionnel de ton travail. Tu sais que je suis un fan ! J'vais lire ça tranquillement, bien au calme… Super. *(Il parcourt la première page rapidement et rit énormément.)*

Charles - N'en fais pas trop non plus ! Parce que là, c'est mon nom, mon adresse. Y a rien de drôle, c'est la page de garde. Du coup, j'ai peur que tu ne tiennes pas le coup pour les autres pages…

Pierre - Je vais monter, moi…

Charles - Je t'accompagne, je monte les bagages, je te fais visiter. Bon, les filles, sages, hein ?

Les deux hommes sortent.
Silence. Marie s'est assise sur le canapé où elle a trouvé un magazine : certainement celui que regardait Charles à la première scène.

CAROLE - Qu'est-ce que t'en penses, Marie, je voudrais reprendre la danse ?

MARIE - Quelle bonne idée ! J'ai toujours trouvé ça dommage que tu arrêtes…

CAROLE - C'est vrai, on parlait sport tout à l'heure et je me suis dit : faudrait que je reprenne la danse. Je sens que j'ai un corps qui est fait pour ça, c'est mon corps qui réclame la danse plus que moi… Tu comprends ?

MARIE - En plus, c'est dommage, parce que tu étais douée ! Vraiment douée… Douée. Trop douée presque. *(Changement de sujet radical.)* Oh, mais c'est quoi ce magazine ?

CAROLE - « Filles-Auto-Moto-Requins ».

MARIE *(vérifiant la couverture)* - Ah non, c'est « Newlook ».

CAROLE - C'est ce que je dis : « Filles-Auto-Moto-Requins ». Quand tu regardes ce magazine, t'as l'impression qu'il n'y a que ça qui intéresse les mecs, alors que c'est faux ! Je ne vois pas ce que les requins viennent faire là-dedans !

MARIE *(épluchant son bouquin)* - On va faire un test : j'ouvre au hasard et je vérifie ce que tu dis. *(Elle ouvre au hasard et semble ne pas comprendre.)* Là, c'est pas un requin. Non, ou alors, il n'a plus de dents et une petite moustache. *(Elle referme, dégoûtée.)* C'est Charles qui lit ça ? Il a des problèmes ?

CAROLE - Son principal problème, c'est que c'est un mec ! *(Marie hurle de rire.)* Mais moi, ça ne me dérange pas qu'il fantasme sur les autres filles. C'est pas parce qu'on a pris le menu qu'on n'a pas le droit de regarder la carte, hein? C'est pas parce qu'il est avec moi qu'il n'a pas le droit de trouver les autres filles jolies.

MARIE - Moi, je ne pourrais pas. Il faut que je sois la seule et l'unique, sinon ça ne marche pas. D'ailleurs, sans prétention, je pense que Pierre n'y pense même pas. Tu sais, il n'y a pas de secret : une fille jolie, qui fait attention à elle, qui fait ses devoirs tous les soirs… devoirs conjugaux bien sûr… qui cuisine correctement, pourquoi veux-tu qu'il aille voir ailleurs? C'est les trois B qui font que ton mari reste à la maison : Bouffe, Baise, Beauté!

CAROLE - T'as raison, j'ai du souci à me faire, parce que, moi, je suis négligée, je ne sais pas cuisiner, et pour le reste, si ça devient un devoir, ça ne m'intéresse pas! Bizarrement, il me faut de l'amour.

MARIE - C'est pas bon de se déprécier à ce point quand déjà on n'est pas au top. C'est faux ce que tu dis : t'es assez jolie dans ton genre…

CAROLE - Ouais, dans le genre moche!

MARIE - Non, mais il faudrait que tu t'habilles… propre, déjà. Que tu passes un peu plus de temps devant la glace, eh oui!

CAROLE - C'est fou ce que tu te préoccupes du physique des gens, toi, tu attaches beaucoup d'importance au physique… Déjà, je trouve que plus t'es jolie, plus tu te prends au sérieux, moins t'as d'humour…

MARIE - Pas obligé… Qu'est-ce que t'en sais?

CAROLE - Non, enfin, tu le sais : une fille qui se trouve jolie n'est pas drôle ! C'est évident. Pourquoi ? Parce que si tu es jolie depuis toute petite, tu n'as pas besoin de développer autre chose pour t'attirer l'approbation des gens. Alors que si t'es moyennement jolie, tu sors les rames, quand même !

MARIE - Je ne suis pas d'accord. Tu vois, par exemple, moi, franchement, je me trouve pas mal... *(Réfléchissant.)* Tu ne me trouves pas drôle ?

CAROLE - Si, d'une certaine façon... Bon, t'as d'autres trucs, hein, euh... je... je ne sais plus ce que je voulais dire... T'es... tu adores ranger par exemple...

MARIE - Je ne vois pas le rapport.

CAROLE - Moi, tu vois, je préfère avoir ma personnalité et ressembler à un veau !

MARIE - Un veau ! Mais où tu vas chercher tout ça ?

CAROLE - Euh, pas très loin, crois-moi, pas très loin.

MARIE - Bref, si ça peut te faire plaisir, t'as raison, admettons que tu sois moche. Tu te débrouilles pas mal en cuisine, ça rattrape ! En tout cas, tu y mets de la bonne volonté...

CAROLE - Mais qu'est-ce que vous avez tous avec la bonne volonté ? Y en a marre de ces « faux compliments » ! C'est horrible, ça veut dire que je rassemble toute ma volonté, je la mets tout entière dans un truc, et malgré ça, je n'y arrive pas. Ça veux dire que je suis nulle, quoi !

MARIE - En tout cas, si Charles n'est pas encore parti, ça veut dire que… *(Elle réfléchit, elle se fait son délire dans sa tête.)* Ça veut dire que vous devez baiser comme des bêtes ! Ça alors… Ça alors, c'est dingue… Oh, les coquins !

CAROLE - En tout cas, toi, qu'est-ce que tu as changé… Physiquement, je veux dire. Disons que quand je t'ai connue, c'était pas ça. C'était plus la couverture de « Modes et Travaux » que celle du « Vogue » italien !

MARIE - Tu le dis à personne, mais j'ai fait un peu de chirurgie.

CAROLE - Ça alors ! Je disais ça au hasard, en plus. Tu t'es fait refaire quoi ?

MARIE - Les fesses, euh… le ventre, les cuisses, les pommettes.

CAROLE - Et les seins en montgolfière, tu t'es réveillée avec un matin ?

MARIE - J'ai fait aussi les seins, mais je ne trouve pas que ça fasse montgolfière.

CAROLE - Ils n'ont pas dit à Pierre : « Pour le prix des réparations, vous feriez mieux d'en acheter une neuve » ?

MARIE - Très drôle…

CAROLE - Alors moi, j'avais rien remarqué à part les seins. Ça agresse l'œil, quand même.

MARIE - Ça fait six mois, c'est encore tout frais ! J'ai fait ça au Brésil, c'est les meilleurs. D'ailleurs, j'ai pensé à toi, tu sais, si tu veux te refaire quoi que ce soit, tu vas au Brésil et nulle part ailleurs. Tu peux avoir, on ne sait jamais, beaucoup de trucs à faire et puis tu sais, sur place, dans l'engouement, pris dans la folie du pays, tu peux te refaire faire plein plein plein de trucs pour pas cher, mais alors pas cher !

CAROLE - Bon, le message est bien passé, merci. Charles m'aime telle que je suis, je m'assume, ça me coûte moins cher. Mais fondamentalement, j'ai rien contre, tu fais ce que tu veux avec ton corps ! Mais ces seins... c'est pas trop lourd à porter, c'est pas trop handicapant ?

MARIE - Un peu pour courir ou dormir sur le ventre, mais rien de très important. Sauf peut-être... je ne vois plus mes pieds !

CAROLE - Ben oui. Forcément. Mais les pieds, on s'en fout ! Tu sais que je ne te reconnais plus. Physiquement et, enfin, depuis que vous... vivez mieux.

MARIE - J'ai changé, c'est vrai, mais il n'y a que les imbéciles qui ne changent pas.

CAROLE - Il y a aussi des imbéciles qui changent. Je ne parle pas pour toi, mais... avoue que vous avez changé... *(Elle appuie exagérément sur les mots que Marie avait employés sur le répondeur.)*... de train de vie et que vous êtes de plus en plus snobs...

MARIE - Et qu'est-ce qui te fait dire ça ?

CAROLE - La dernière fois que je t'ai eue au téléphone, tu m'as dit que tu n'achèterais tes lampes et tes lanternes qu'à Marrakech...

MARIE - Parce que c'est moins cher, tout simplement.

Carole - Avec le voyage, je ne suis pas sûre quand même… Et puis tes tapis en Perse, ton huile d'olive en Toscane, ton encens en Inde et ta chirurgie au Brésil. Vous allez foutre en l'air l'économie mondiale… L'import-export, avec vous, ça n'existe plus! C'est snob. Et puis, c'est que des apparences…

Marie *(emportée)* - Et toi avec ta décoration d'avant-garde, là, c'est pas mieux… Ecoute, je ne suis pas d'accord… Et puis moi, je ne suis pas comme certaines à vivre au-dessus des moyens de mon banquier, à être jalouse et envieuse de ceux qui ont réussi, aigrie et agressive…

Carole - Tu dis ça pour moi, là?

Marie - Non, je ne disais pas ça pour toi, mais si tu le prends comme ça, ça veut dire que tu te sens visée et si tu te sens visée, ça veut dire que tu peux le prendre pour toi…

Carole - Je vais passer un pull…

Silence.
Carole sort. Marie n'est pas bien du tout, elle est très tendue, elle reste sur le canapé.

Marie *(pour elle)* - Si elle veut passer un pull, elle n'a qu'à passer un pull! Et voilà! Et puis quoi encore? Non mais est-ce que je vais passer un pull, moi?

Arrive Charles, sifflant « L'Internationale ». Il prend un paquet de chewing-gums dans un placard et en sort cinq ou six qu'il gobe. Il n'a pas vu Marie.

Marie *(déprimée)* - S'il te plaît, Charles, tu peux m'en filer?

CHARLES *(perplexe)* - …

MARIE *(n'a pas saisi le jeu de mots qu'elle a fait à son insu)* - Pitié, tu m'en files s'il te plaît ?

CHARLES *(pas du tout sur la même longueur d'onde)* - …

MARIE - Tu ne veux pas m'en filer ?

CHARLES - Enfin, Marie, de quoi tu parles ?

MARIE - Des chewing-gums !

CHARLES *(soulagé)* - Waouh ! Tu m'as flanqué une de ces trouilles ! Mon dieu, tu m'as fait une peur ! J'ai cru que tu me demandais de t'enfiler !

MARIE - Ben oui !

CHARLES - Non, non, rien, rien… euh… tiens, pardon.

> *Marie prend un chewing-gum. Comme elle n'a pas saisi le jeu de mots, elle a l'impression de nager en plein surréalisme.*

MARIE - Bon, je vais passer un pull…

CHARLES - Ça existe des pulls 110 bonnet M ? Autant enfiler une tente, c'est plus facile…

> *Marie sort, furieuse, en croisant Carole.*

CHARLES - Marie n'avait pas l'air bien du tout. Vous vous êtes engueulées ?

CAROLE - Non, mais disons qu'on s'est chauffées un peu.

CHARLES - Déjà ? Mais, mon amour, c'est toi qui m'as dit d'y aller mollo, d'être subtil ! Moi je me retiens depuis le début, je fais des efforts considérables pour faire ton jeu, là, et toi, poussin coquin, tu ne vas pas tout péter maintenant, faut se ressaisir… Surtout que moi, ça me fait marrer, je me trouve plutôt pas mauvais comédien, je suis en forme, je veux y aller moi, je veux y aller, je veux jouer ! Si tu continues comme ça, on ne va jamais les garder tout le week-end !

CAROLE - C'était plus fort que moi ! Je m'excuse. Comme je leur reproche de ne pas être francs, hypocrites et cons, je ne peux pas faire semblant moi-même et me comporter comme eux, donc j'ai du mal à me contrôler, j'ai envie de tout lui balancer… C'est trop dur. Finalement, c'est pas un jeu pour moi, je crois. C'est horrible le plaisir que je peux prendre à dire du mal. Et au passage, pour te tenir au courant des sujets abordés : la danse, c'est fait, le physique, c'est fait…

CHARLES - Mais c'est dégueulasse, t'as tout fait, il ne me reste rien !

CAROLE - Il te reste ton travail, et Pierre c'est le gros morceau, et puis tout le reste… je leur fais confiance pour amener de l'eau à notre moulin. Parce qu'elle, elle est devenue complètement stupide ! Au lieu de se faire gonfler les seins, elle ferait mieux de se faire gonfler le cerveau… Si c'est un genre qu'elle se donne, il faut qu'elle arrête. Je voulais te dire… je t'ai trouvé formidable.

CHARLES - Pardon ?

CAROLE - Toi, t'as été formidable !

CHARLES - Pardon ?

CAROLE - T'as été for… T'as parfaitement entendu. *(Ils s'embrassent rapidement mais intensément.)* Qu'est-ce que tu as fait de Pierre?

CHARLES - Il s'est endormi sur mon manuscrit, plus tôt que je ne pensais d'ailleurs. Avant la page deux.

CAROLE - Après la page une… Y a eu un bel effort! J'ai envie de faire l'amour avec toi!

CHARLES - Tu ne crois pas qu'on a assez de problèmes comme ça?

CAROLE - T'as raison. Bon, maintenant il faut que je m'applique à faire la cuisine très mal. J'y vais.

Elle va côté cuisine et Charles met la table.

CHARLES - Ça ne devrait pas être dur, c'est ce que tu fais tous les jours…

CAROLE - Toi, mon amour, en revanche, j'aimerais bien que tu sois un peu plus hypocrite, ça m'arrangerait. C'est possible?

CHARLES - Je fais exprès de t'embêter, c'est très bon ce que tu fais, et puis je ne peux pas te reprocher de ne pas être ma grand-mère…

CAROLE - Surtout qu'elle est morte!

CHARLES - Ceci dit, aujourd'hui, c'est fête, tu nous fais un truc bien dégueu s'il te plaît, bien périmé!

Carole est ravie. Investie de sa mission, elle sort à la cuisine, fait un bruit pas possible, on sent que c'est pas inné chez elle, la cuisine. Elle se racle la gorge, on entend cracher.

CHARLES - T'es mignonne, tu nous gardes deux parts correctes, tout de même.

Pierre arrive avec Marie.

PIERRE - Qu'est-ce qu'on dort bien ici ! Les oiseaux… Mais les oiseaux, quel bonheur ! Il n'y en a pas un pour te faire chier à piailler comme un con devant ta fenêtre ! Tu les as dressés ou quoi ?

CAROLE - Bon, on ne va pas tarder à passer à table, je meurs de faim.

PIERRE - Qu'est-ce que tu nous as concocté ?

CAROLE - Tout d'abord, du foie gras sur des toasts…

MARIE - Du foie gras !

CAROLE - C'est parce que je sais que tu adores ça !

CHARLES - Marie, tu l'aurais vue acheter son foie gras chez Lidl, comparer, demander aux gens, goûter… hésiter parce que « mon amie Marie vient », « mais Marie elle s'y connaît », « et puis Marie n'aimera pas » et tout ça, et tout ça, t'aurais été touchée, on y a passé trois heures.

CAROLE - Au final, c'est une sous-marque d'une sous-marque, et il n'y a pas de pain grillé parce qu'on a pété le grille-pain. Mais j'ai goûté avec des Cracotte, ça passe très bien.

Marie a une mimique de relent.

MARIE - Je peux te donner un coup de main ?

CAROLE - C'est la question à laquelle on répond toujours non, mais moi, je vais dire oui. Si tu pouvais passer un petit coup d'éponge sur la table, ce serait parfait.

Marie, très mollement, prend l'éponge et fait le tour de chaque objet posé sur la table au lieu de le soulever. Marie, qui n'a décidément pas envie de se mettre à table, regarde par la fenêtre.

MARIE - Vous n'avez pas peur, isolés comme ça, tout seuls ?

CAROLE - Moins qu'à Paris, où effectivement on n'est pas tout seuls...

Marie se rapproche du carreau et hurle en tressautant.

MARIE - Ah !!! Il y a un type avec des cheveux longs qui court dans le jardin... Venez voir, il a les cheveux très longs...

CHARLES - T'inquiète pas, Marie, c'est un type du village, un ami. Il nous aide à nettoyer le jardin. Et puis surtout, il nous débarrasse des sales bêtes qui nous détruisent les plantes. Ben oui, parce qu'il y a des chats ou des chiens sauvages qui traînent et nous saccagent le jardin.

MARIE - Mais pourquoi il a les cheveux aussi longs ?

CAROLE - Il a des origines Indien d'Amérique.

MARIE - Ah !... Et alors, est-ce qu'il est colorié ? C'est vrai ça, est-ce qu'ils sont encore beaucoup coloriés les Indiens ?

CHARLES - Coloriés... Ah non. Et toi, tu ne portes plus de corsets, t'as pas une mouche collée sur le visage, et Pierre ne porte pas de perruque. Le temps passe chez les Indiens, hein, comme chez nous. Et puis lui, il est né ici. Et alors, il a une technique extraordinaire pour tuer les chiens sauvages... Il met du jus de viande sur un petit morceau d'éponge sèche. Le chien la mange. Et après, dans son œsophage, avec l'humidité, ça se dilate et il meurt étouffé.

CAROLE - C'est le principe du Tampax, quoi.

Pierre et Marie acquiescent, dégoûtés.

MARIE - Moi, même avec du jus de viande, je ne la mange pas, l'éponge…

PIERRE - T'es déconcertante, parfois.

Carole commence à servir.

MARIE - Oui, eh bien « ping-pong », hein…

PIERRE - Oh là là ! Merci, mon régime.

CAROLE - Ah, j'ai pas de foie gras en poudre… Il faudra y penser pour les fêtes, avec la bûche aussi en poudre, le tout en poudre, sous le sapin en poudre, Joyeux Noël en poudre et on n'en parle plus !

CHARLES *(pendant que les autres essaient de manger péniblement)* - J'ai lu un article sur les régimes. Il paraît que tu manges un pain au chocolat, tu culpabilises, tu prends des kilos. Tu manges le même pain au chocolat, enfin un autre, mais le même, enfin, voyez quoi, tu ne culpabilises pas, tu ne prends pas de kilos ! A calories égales ! Tu te rends compte à quel point le psychisme joue ? Alors moi, je bouffe et je fais semblant d'en avoir rien à foutre pour tromper le psychisme ! Pas con ! Et meilleur que les sachets j'en suis sûr… Non ?

Pierre et Marie acquiescent, la bouche pleine. A peine ont-ils fini une tartine que Carole les ressert immédiatement. Marie fait signe que non, Pierre aussi.

CAROLE - Marie, j'ai pas passé mon après-midi au rayon « promotions offres spéciales invendus » pour que tu me fasses ça !

MARIE - Des produits raffinés et luxueux comme ça, ça ne se mange pas en quantité, j'ai honte.

CAROLE - N'aie pas honte, c'est fête ! Allez, reprends-en, tu en meurs d'envie...

MARIE - Je ne te l'ai pas dit, mais... quand j'étais petite, j'avais une oie. Je l'avais appelée Bécassine et je l'aimais très fort, très très fort, elle me suivait partout. Tu sais, on habitait à la campagne, c'était une compagnie, comme un chat ou un chien et un jour, mes parents m'ont dit : « Tu sais, Marie, Bécassine a fait un grand voyage, un long voyage. Elle est partie et tu ne la reverras plus... » Et ce jour-là, à table, il y avait du foie gras !

CHARLES - Merde, c'est moche.

MARIE - J'avoue que depuis j'ai du mal...

CAROLE - J'espère que personne n'a été élevé avec une sole parce que c'est ce qu'on mange après !

Charles rit puis se ressaisit. Carole le regarde et rit aussi, ils se déconcentrent, puis reprennent leur sérieux.

CHARLES *(à Pierre)* - Tu en reprendras bien, du foie gras ? Tu ne la connaissais pas personnellement Bécassine, c'était pas une amie à toi, t'as pas couché avec ?

PIERRE - Non, mais merci, mais je préfère me préserver, euh... me réserver pour la suite... Connaissant Carole, ça doit être une merveille.

Carole apporte la suite dans le silence général.

CAROLE - De la sole à la poire en gelée et son coulis de mayonnaise.

Silence.

CHARLES - On va se régaler.

MARIE - Alors ça, c'est pas banal de mettre des poires entières avec la peau, la queue et les feuilles sur la sole, comme ça, posées, jetées même, on peut dire...

CAROLE - Oui, oui, on peut dire... C'est Bibi qui a trouvé cette idée toute seule.

PIERRE - En tout cas, c'est original ! Et ça a l'air parfait mais... je suis allergique au poisson.

MARIE - Ah bon ? *(Pierre la regarde avec insistance.)* Ah oui, c'est vrai.

CAROLE - Ben, prends au moins une poire...

PIERRE - Non, mais elle a dû toucher le poisson...

CHARLES - Excuse-moi, Marie, qu'est-ce qui est arrivé à tes seins ? Tu t'es fait greffer deux fesses ou quoi ?

PIERRE - Ça la change, hein ?

CHARLES - Ben oui, quand même !

Marie se lève et sort.

PIERRE - Mais Marie, reviens, il ne sait pas ! Ben oui, en fait, elle s'est fait siliconer les seins il y a six mois.

CHARLES - Merde, c'est moche !

PIERRE - On ne sait pas si c'est le chirurgien ou quoi… mais à l'arrivée, c'est bizarre, ça reste droit comme deux ballons !

CHARLES - Remarque, si elle se tape une vitrine de plein fouet, elle ne se fera pas mal à la tête, c'est déjà ça ! *(Il éclate de rire.)* Je plaisante…

PIERRE - Oui, eh bien ne plaisante pas trop avec ça, parce qu'elle n'a aucun humour là-dessus.

CHARLES - Marie ! Marie, reviens…

PIERRE - Marie ! Oh, mais reviens… Allez…

Marie revient.

PIERRE *(change de sujet)* - Marie ne vous a pas dit, mais elle a été promue dans la même boîte, mais elle fait un autre boulot.

MARIE - Depuis que je fais ce nouveau boulot, je suis renée. Renée, tout simplement renée.

CAROLE - Renée ? T'as changé de prénom ?

MARIE - Je suis née une deuxième fois, pas Renée le prénom. Renée, du verbe « renaquire ».

CHARLES - On a décidément du mal à te comprendre. Et alors qu'est-ce que tu fais, Renée ?

MARIE - Eh bien, je suis passée assistante de direction. Toujours dans la même boîte mais c'est beaucoup plus intéressant ; t'imagines, j'étais au courrier et là, je suis le bras droit du patron.

CAROLE - Ah, génial ! Finalement, ça sert à quelque chose…

MARIE - Quoi ?

CAROLE - De coucher.

MARIE - Ça va pas bien ? T'es folle ! Pourquoi tu dis ça ?

PIERRE - C'est de l'humour, Marie, pourquoi tu te vexes ?

CHARLES - Ben oui, Marie, c'est de l'humour, pourquoi tu te vexes ?

CAROLE - C'était de l'humour, c'est vrai, pourquoi tu te vexes ?

MARIE - Oh, arrêtez tous, et « ping-pong » tout le monde, hein ! Parce que depuis qu'on est ici, je ne sais plus vraiment ce qui est de l'humour et ce qui n'en est pas. C'est vrai, j'ai du mal, je sens une certaine tension… je suis un peu sur les nerfs, excusez-moi.

CHARLES - C'est à cause de ton excroissance, c'est ça ? Tu l'as mal pris ? Oh, on rigole…

PIERRE - Oui, mais à chaque fois que quelqu'un dit « je rigole » ou « je plaisante » à la fin d'une phrase, tu peux être sûr qu'il ne rigole pas et qu'il plaisante encore moins. Exemple : « T'es trop con, toi ! Oh, je rigole !!! » Tu peux être sûr que le mec il pense que tu es trop con !

MARIE - Ça, c'est vrai. C'est comme ceux qui commencent leurs phrases par « sans méchanceté aucune », vous pouvez être sûr que derrière, il y a une grosse méchanceté. Exemple : « Sans méchanceté aucune, qu'est-ce qu'elle est conne ! »

CAROLE - Vous avez raison. C'est bien analysé. On peut dire que vous vous y connaissez en vocabulaire hypocrite... Il y a aussi ceux qui disent tout le temps : « Alors là, franchement, je te le dis... Non mais franchement, entre nous... » Ils insistent tellement sur le « franchement » ou sur le « sincèrement » qu'on a tendance à croire que quand ils ne le précisent pas, c'est que des conneries qu'ils nous racontent. Ou alors, c'est tellement appuyé que c'est très louche, très très louche, non ? Non, franchement ?

CHARLES - Oui, c'est comme ceux qui disent à propos de quelqu'un d'autre : « J'aime beaucoup ce que vous faites, mais... » En général, la personne tout de suite derrière est rhabillée pour l'hiver...

PIERRE - En tout cas, nous, on n'est pas comme ça, alors le débat est clos. Non, mais il y a des choses avec lesquelles on ne peut pas plaisanter...

CHARLES - Oui. Marie par exemple... Je plaisante !!!

MARIE - Non, c'est vrai, c'est lourd... Tout le monde dit « je plaisante » et personne ne rit, alors...

CAROLE - C'est ce qu'il y a de bien avec les vrais amis. C'est qu'on peut tout se dire. On n'a rien à cacher. C'est ces rapports-là qui sont intéressants.

MARIE - Alors ça, oui. D'ailleurs, vous savez très bien ce qu'on pense de vous, hein !

CAROLE - Ah ça oui !

PIERRE - Ce sont des relations qui s'installent dans le temps.

MARIE - En tout cas, pour mon travail, j'ai eu la chance de ma vie, l'assistante de direction a eu un accident de voiture, je l'ai remplacée.

CHARLES - La chance !

CAROLE - Et la fille ?

MARIE - Rien de grave.

PIERRE - Elle est quand même hémiplégique et au chômage.

MARIE - Ça veut dire quoi déjà ?

PIERRE - Hémiplégique ? Elle n'est paralysée que d'un côté. D'ailleurs, leurs fauteuils roulants n'ont qu'une seule roue, celle du côté où ils sont paralysés.

MARIE - C'est étrange.

PIERRE - Non, c'est pas étrange, c'est des conneries... T'es pas en forme toi, aujourd'hui... *(Il mime avec son doigt, lentement, qui va de sa bouche à lui à son oreille à elle, puis de l'oreille à sa tête, il parle aussi lentement.)* Le temps que ça aille de là à là, c'est très long aujourd'hui. Tu m'as habitué à plus rapide.

MARIE - Toi aussi, tu me ferais avaler n'importe quoi !

CHARLES - A propos de travail, Pierre, qu'est-ce que tu penses de mon scénar que tu as dévoré ?

PIERRE - For-mi-da-ble ! Ça, c'est de la bombe. Non, franchement, autant les autres que tu m'as filé, ils étaient... bien, autant celui-là, il est... pff... je peux essayer de le produire, hein...

CAROLE - Personne ne veut plus de la sole à la poire ? Quel dommage, il m'en reste beaucoup. C'est pas grave, demain, je fais un gratin avec les restes…

CHARLES - Le produire, génial ! Quel personnage tu préfères ?

PIERRE - Oh, le personnage principal, le héros est formidable. Il est tellement… tellement… tellement trop…

CHARLES - Tu veux dire : elle.

PIERRE - Elle, oui, bien sûr. Mais elle a des p'tits côtés masculins quand même, hein, parfois… Ah ! enfin le dessert !

Carole apporte un gâteau et enlève un cheveu dessus.

CAROLE - Ah, y a un cheveu ! Charles ne me l'a même pas fait lire. C'est quoi l'histoire ?

CHARLES - Ecoute, Pierre va te raconter, moi je raconte très mal mes propres histoires…

PIERRE - C'est tellement dingue comme scénario que je ne sais pas si raconter, ce n'est pas amoindrir… et puis tout dévoiler… et faut le voir.

CHARLES - Vas-y, raconte, on est entre nous…

CAROLE - Quel suspense ! Alors, c'est l'histoire de quoi ?

PIERRE *(transpirant de plus en plus)* - C'est l'histoire d'un… d'une fille-femme, mais alors un personnage, un des plus grands personnages féminins qui ait été écrit pour le cinéma, tout y est, c'est bien simple ! Et alors, cette scène extraordinaire quand elle euh… hein, Charles, tu sais quand elle… euh…

CHARLES - Ah oui ! Tu fais référence à quand elle euh…

PIERRE - Oui ! Quand elle euh…

CAROLE - Oui, bon, quand elle quoi ?

PIERRE - Quand elle est là, tout simplement.

CAROLE - Si c'est ça ton histoire, c'est tout naze !

PIERRE - Non, c'est très difficile à raconter, parce que c'est vraiment du cinéma, c'est fait pour être du cinéma. On peut casser la baraque avec ça… Moi, je le prends sous le bras, ton scénar et…

CHARLES - Et… ?

PIERRE - Et… on explose le box-office !

CAROLE - Bon, est-ce que quelqu'un peut me raconter cette putain d'histoire ? J'ai l'eau à la bouche, moi !

MARIE - Oui, oui, ça a l'air bien…

CHARLES - Et la naine ? Est-ce que tu penses que c'est elle la meurtrière ?

PIERRE - Ah, moi, je… Oui, c'est elle. Pour moi, en tout cas, c'est forcément elle, c'est évident.

CHARLES - Mais qu'est-ce qui te fait dire ça ?

PIERRE - Tout ! Tout me fait dire ça. Elle, la façon dont tu la décris, les indices, tout porte à croire que c'est elle qui a tout fait.

CHARLES - Alors là, c'est étrange ce que tu me dis… parce que je ne l'ai pas du tout construit comme ça, je pensais brouiller plus les pistes, tu comprends…

PIERRE - Là, on croit tout de suite que c'est elle, je te promets… D'ailleurs, quel personnage formidable, et quelle idée dramaturgique forte d'avoir pris une naine !

CHARLES - Pourtant, quand elle croise, à la fin, l'épicier andalou, leur regard peut faire douter…

PIERRE - Oui, ce regard… Moi, je ne l'ai pas interprété comme ça. Pour moi, c'est elle, c'est elle, c'est elle. Parce que l'épicier andalou, tu comprends, lui, il est tellement… qu'on ne croit pas que c'est lui ! Je ne sais pas si tu vois ce que je veux dire.

CHARLES - Non. Mais bon, si tu le produis, ça va revenir cher, parce que la scène finale, ce « deus ex machina », où la naine fait cuire des chipolatas sur la nacelle héliportée par l'hélico au-dessus des chutes du lac Victoria, ça coûte de l'argent…

PIERRE - Quelle force ! C'est majestueux, cette scène. Là, je mets toutes mes billes dedans. Tu sais, un barbecue volant au-dessus de chutes d'eau en Afrique, la naine et le pique-feu accrochés à l'échelle, ça ne s'est jamais vu au cinéma ! Ça n'a jamais été fait !

CAROLE - Mais tu as écrit un chef-d'œuvre, mon amour ! Et la scène d'amour ? Charles m'avait parlé d'une scène d'amour torride !

MARIE - Oh oui, oui, oui, raconte la scène d'amour torride.

PIERRE - Je ne m'en souviens pas bien de celle-ci…

CHARLES - Tu plaisantes, j'espère ! C'est la scène clé du scénario ! Tu sais, les sœurs siamoises avec l'épicier andalou…

PIERRE - Ah, mais oui, bien sûr… Avec les sœurs siamoises, et donc tu vois, il y a les deux corps… Il ne veut pas froisser l'une, ni faire cocue l'autre. Les filles, elles sont amoureuses toutes les deux, elles ont un peu le cul entre deux chaises, les siamoises ! Et pourtant, c'est horrible mais c'est très respectueux, on sent bien les sentiments…

CHARLES - Ça m'embête ce que tu me dis parce que c'est pas la naine qui l'a tué, c'est pas elle qui a tué. Elle ne peut pas… elle ne peut pas parce que tout simplement, elle n'existe pas. Il n'y a pas plus de naine dans mon scénario que d'épicier andalou, que de siamoises nymphomanes.

PIERRE - Attends, elle n'est pas naine, mais elle est quand même très petite, non ? Et l'épicier andalou, il est un peu catalan quand même ?

CHARLES *(donne un coup de poing violent sur la table ; tout le monde sursaute, personne ne moufte)* **-** Arrête ! Tu ne vois pas que tu t'enfonces ? Tu ne vois pas que c'est pire de faire croire que tu l'as lu que de ne pas l'avoir lu du tout ? Tu ne vois pas que c'est là qu'il est le problème ? Je n'ai jamais montré ce scénar à personne, c'est non seulement important mais c'est très intime, c'est moi, c'est précieux. J'attends ton jugement, j'attendais ton jugement qui me paraissait important et toi, tu racontes n'importe quoi ! Avoue qu'on se vexerait à moins, quand même ! Deuxièmement, si tu n'aimes pas ce que je fais tu peux le dire aussi, c'est autorisé entre amis, tu sais, la franchise. Ça te rappelle des souvenirs ?

PIERRE - Hé ! ho ! Tu te calmes ! T'es parano ! J'étais fatigué, c'est vrai j'ai pas tout lu, mais je comptais bien le terminer.

CHARLES - Le commencer.

PIERRE - Non, c'est bon ce que t'écris, tu sais écrire, mais en fait, il te manque… comment dirai-je… un électrochoc, une bonne idée, il te manque… je sais pas, euh… quelque chose comme…

CHARLES *(explose)* - Le talent?

PIERRE - Arrête!

MARIE *(nerveuse)* - Oui, c'est vrai, ils se calment, vous vous calmez! Ils sont hyper-agressifs, vous êtes hyper-agressifs… Qu'est-ce qui se passe?

CAROLE - Rien, on discute entre adultes, c'est tout. On a le droit de se dire ce qu'on pense, non? Ça te dérange? Il a raison, Charles, ce sont les règles de base de l'amitié, non?

MARIE - Oui, eh bien si ça ne te dérange pas, je préfère qu'on reste amis et un peu hypocrites, plutôt que francs et plus amis du tout!

Marie fait mine de partir outrée. Carole la retient par le bras.

CAROLE - Hé! ho! Miss Picardie! Tu n'avanceras pas dans la vie si tu la conçois comme ça! On n'est pas là pour s'auto-congratuler perpétuellement, se dire que ce qui fait plaisir sans en penser un traître mot, mais il faut regarder la vérité en face de temps en temps! Une bonne claque, ça ne fait pas de mal.

PIERRE - Bon, on se calme tous, on est tous très fatigués et on va s'excuser gentiment…

A ce moment-là, panne d'électricité. Marie, sur les nerfs, hurle de peur.

CHARLES - C'est rien, c'est rien, on a juste pété les plombs. Les plombs ont pété, quoi ! Je m'occupe du disjoncteur. J'étais sûr que ça allait craquer, ce soir.

CAROLE - Je vais chercher les bougies.

Charles et Carole sortent. Pierre et Marie sont dans le noir.

MARIE - Je suis au bout du rouleau, moi. A quoi ils jouent, non mais à quoi ils jouent ! Avoue que l'ambiance est pourrie. J'ai la sale impression que Carole lit dans mes pensées, c'est très désagréable...

PIERRE - Eh bien, elle a réussi à lire quelque chose, elle.

MARIE - Toi, « ping-pong » !

PIERRE - C'est rien, t'inquiète pas, je suis là. Tu sais, la solitude, l'isolement, ça monte au ciboulot au bout d'un moment, ça fait six mois qu'ils sont là tous les deux, je crois que c'est le syndrome de l'île déserte...

MARIE - Enfin, on n'est pas sur une île !

L'électricité se remet en route, le répondeur se rembobine, refaisant défiler une partie du message de Pierre et Marie qui se reconnaissent, jusqu'à ce que Pierre le coupe.

PIERRE - Qu'est-ce que c'est que ça ? Et merde !!!

MARIE *(beaucoup plus tard)* - Mais c'est moi ! C'est fou la voix qu'on a ! Je ne pensais pas du tout avoir cette voix-là ! C'est aigu !!! Ah là là !...

PIERRE - On s'en fout, Marie, on n'est pas en train de faire un casting de chanteuses ! Tu ne vois pas qu'ils ont entendu notre conversation dans la voiture, qu'ils savent tout, et que c'est sans doute pour ça qu'ils sont odieux et bizarres depuis le début ?

MARIE - Tu as mal verrouillé ton portable, je t'avais dit de changer de portable ! T'aurais dû prendre le D6710... ça !

PIERRE - Toi, tu ne m'aides pas beaucoup, c'est sûr que tu ne m'aides pas, toi ! Qu'est-ce qu'on fait ? Ils sont dégoûtés, c'est normal, on en a bavé pendant deux heures. Et puis alors on s'est lâchés, on n'y est pas allés de main morte !

MARIE - Pas plus que d'habitude...

PIERRE - Et merde !!!

MARIE - Peut-être qu'ils n'ont pas encore écouté le message, on va l'effacer, et puis on va être hyper-sympas, on va retourner la situation en notre faveur !

PIERRE - Tu crois qu'ils ne l'ont pas entendu ? T'as quand même remarqué qu'ils sont taquins, qu'ils ont l'humour et la critique facile et qu'ils sont maintenant sur les nerfs... S'ils n'ont pas entendu, c'est dommage ! Tu n'invites pas des amis un week-end pour les torturer mentalement.

MARIE - Peut-être que Carole a ses Bisounours, tous simplement.

PIERRE - Bisounours ?

MARIE - Oui, enfin, ses ragnougnoutes...

PIERRE - …

MARIE - Peut-être qu'elle a ses menstrues, quoi, ses règles… *(Puis très énervée elle-même.)* Qu'elle est énervée et que ça énerve Charles qu'elle soit énervée !

PIERRE - Si les toutes les femmes sont comme ça une fois par mois, il faut ligaturer les trompes, parce que c'est hard quand même.

MARIE - Peut-être qu'ils ont entendu, c'est vrai que ça expliquerait leur comportement, mais au cas où ils n'ont pas entendu et qu'ils écoutent le répondeur, ils vont être fous de rage ! Et moi, je pense qu'ils n'ont pas entendu : quand nous sommes arrivés, Charles n'était pas au salon et Carole était sous sa douche… Non, ils sont à cran, jaloux de notre train de vie… Et puis pourquoi t'as dit que tu avais lu ce truc, aussi ? C'est malin, franchement !

PIERRE - Attends, si c'est toi qui décides ce qui est malin ou pas, on n'est pas sortis de l'auberge.

MARIE - Moi je dis, on efface la bande et on essaie de recoller les morceaux, on verra bien, on a une chance sur deux.

PIERRE - Si tu veux essaie, mais je doute fort quand même.

> *Marie se dirige vers le répondeur et trifouille tous les boutons, paniquée, pour essayer d'effacer le message. Charles arrive. Prise en flag, elle fait semblant d'enregistrer le message d'annonce.*

MARIE - Bonjour, vous êtes bien actuellement chez Carole et Charles, ils ne sont pas là actuellement… euh…

ne quittez pas. Charles, tu sais, comme ça a disjoncté, ça a effacé votre annonce, je me suis permis de la refaire, je pense que c'est important au cas où tu aurais un coup de fil pour du travail, tu vois.

Charles a analysé la situation très vite.

CHARLES - C'est trop sympa. Tiens, tu n'as pas entendu si on avait des messages ? Parce que je sais que le téléphone a sonné cet après-midi, on était dans le jardin, on n'a pas pu prendre, j'ai peur que ce soit l'éditrice qui m'ait laissé un message.

La mine de Marie se détend brutalement, et Pierre paraît aussi brutalement soulagé de penser qu'ils n'ont pas entendu.

MARIE - Oh non, il n'y avait rien, pas de message. Je crois que tout est effacé. Tout est effacé.

PIERRE - Rien. Rien.

CHARLES *(forcé)* - Excuse-moi, Pierre, je suis désolé…

PIERRE - Oh non, c'est moi, je suis désolé, j'ai été stupide ! Je l'avais sur mon bureau, il était posé là… et j'avais pas assez de temps… je…

CHARLES - Ouais.

Carole arrive.

MARIE - Il me semblait qu'il y avait un truc qui me tracassait depuis le début… *(Regardant Carole.)* T'as minci, toi… C'est fou ce que tu as minci…

CAROLE - J'ai pris quatre kilos.

MARIE - Ben ça te va bien, figure-toi. Ça fait plus mince, je trouve. Et puis attends, c'était pas mauvais la cuisine, faut aimer les feuilles cuites… c'est tout. *(Marie regarde beaucoup Pierre pour voir s'il la suit dans son revirement de situation.)* Vous savez, le noir, ça aide à réfléchir et on pense que vous avez complètement raison sur plein de choses.

CAROLE - C'est-à-dire?

MARIE - C'est vrai, en amitié, il faut tout se dire, tu as raison. Et puis c'est vrai que Pierre, il aurait dû lire ton scénario plus attentivement, mais c'est vraiment parce qu'il était fatigué, parce qu'il adore ce que tu fais et qu'en plus il m'a dit qu'il avait un énorme projet à te proposer. *(Regardant Carole.)* Il est chouette ce chemisier, c'est… c'est du tissu?

CAROLE - Non, de la pâte à sel.

PIERRE - Elle a raison Marie, j'ai un super projet à te proposer…

CAROLE - Ben c'est quoi?

PIERRE - Un super projet… à te proposer. Je dois produire un long-métrage. J'ai très peu de moyens, il faut une histoire simple mais bien écrite, bien balancée… J'ai pensé à toi.

CHARLES - On verra. Il faudrait que tu lises pour ça…

MARIE - Ah oui, ça serait super! *(Tout à coup très tactile et euphorique.)* Et si ça marche, vous gagnerez plein d'argent! Carole et moi, on pourra faire les boutiques, partir en vacances, refaire de la danse et tout ça!

CAROLE - Comme tu t'emballes !

PIERRE - Ça serait bien. Faut que tu m'écrives un truc. Tu ne vas pas passer ta vie à écrire des trucs qui ne voient jamais le jour. Tout ce talent gâché… Et puis ça te ferait de l'argent, aussi ! Moi, je dis toujours : « Vivre d'amour et d'eau fraîche, d'accord, mais avec un bon steak-frites ! » *(Il rit, Marie aussi.)*

MARIE - C'est vrai, il le dit toujours.

CHARLES - On verra, on verra… Dis, Pierre, je peux te parler seul à seul ?

PIERRE - Oui, bien sûr.

MARIE - Eh bien, pendant ce temps-là… Carole va me monter ses dernières acquisitions vestimentaires.

CAROLE - Ça va être vite fait… On mangera le dessert plus tard, parce que là, il faut un peu de temps pour digérer…

> *Marie et Carole partent. Pierre tripote nerveusement son portable.*

CHARLES - Il est nouveau. C'est pas mal, ces trucs…

PIERRE - Tu sais, moi, je suis un fou de gadgets… Tu peux faire des dessins, naviguer sur Internet, prendre des photos… *(Il prend une photo de Charles et lui, ils ont des têtes d'enterrement.)* On ne va pas la garder, celle-là. Tu peux aussi personnaliser plus de cent quarante-trois sonneries différentes, t'as un répertoire énorme de plus de deux mille cinq cents noms.

CHARLES - C'est carrément l'annuaire. Et tu peux passer des coups de fil avec ?

PIERRE - Evidemment. Regarde, là, par exemple, si je veux appeler Marie… hop ! je vais dans le répertoire et hop ! un dessin personnalisé pour Marie !

CHARLES - Ah, le string…

Charles prend le portable de Pierre et joue avec les touches. Il garde le portable.

PIERRE - Fais gaffe, c'est hyper-fragile !

CHARLES - Dis-moi, Pierre… l'éditrice, là, qui devait m'appeler… c'est du flan ou quoi ?

PIERRE - Oh non ! Tu sais, j'ai été léger là, j'ai pas lu ton truc, mais les autres je les ai lus, et c'est super… Non, non, elle va t'appeler… Juste, ce qu'il faut que tu saches, c'est qu'elle est dans une maison d'édition spécialisée, c'est pas directement son domaine mais elle peut t'aider.

CHARLES - Comment ça, c'est pas son domaine ?

PIERRE - Elle… elle est dans la section enfants… de la boîte, mais elle peut le recommander à des gens.

CHARLES - Comment ça, « section enfants » ?

PIERRE - Attends, mais c'est une maison d'édition quand même, t'as un pied dedans !

CHARLES - J'espère que c'est le pied gauche. Pourquoi tu ne m'as pas dit qu'elle bossait dans une maison d'édition pour enfants ? Qu'est-ce que j'en ai à foutre ?! J'écris des thrillers gores, ça ne m'avance pas du tout, mais alors pas du tout ! Tu sais que j'ai de bonnes raisons de te casser la gueule… Tu sais que j'ai appelé personne parce que je comptais sur elle ? Tu te fous de moi !

PIERRE - Attends, si elle aime, elle le fera lire à d'autres gens… et de fil en aiguille…

CHARLES *(tripote toujours le portable de Pierre)* - Je me démerderai tout seul. *(Se composant une espèce de sympathie.)* Tu bois un verre ?

PIERRE - Volontiers.

CHARLES - Dis-moi, elle est à cran en ce moment Marie ? Elle comprend plus l'humour, qu'est-ce qu'il lui arrive ?

Un téléphone sonne dans la pièce. Charles se lève.

PIERRE *(adhère, ça lui fait un sujet de conversation et de réconciliation avec son pote)* - Laisse, c'est celui de Marie, ils laisseront un message. Je crois que tout à coup, elle se prend au sérieux, tout simplement. Tu sais, elle commence à gagner sa vie seule. Ça lui monte au bourrichon… Mais crois-moi, c'est pas une partie de plaisir pour moi non plus. Ça reste entre nous, mais parfois j'ai honte. Je me dis : pourvu qu'elle ne l'ouvre pas, pourvu qu'elle se taise. Parce que dans mon milieu, ils ont l'habitude des godiches qui font bien dans les dîners, mais elles ne l'ouvrent pas.

CHARLES - Elle est chiante un peu, non ?

PIERRE - Attends, mais là, c'est rien. Elle fait des efforts. Mais toute la journée, c'est : « Pierre, on avait dit que tu mettais ce pull. Pierre, on avait dit qu'on irait au cinéma. Pierre, on avait dit que tu ne boirais plus, on avait dit que tu ne mangerais plus. On avait dit que tu ferais du sport. On avait dit que tu bronzais. Pierre, on avait dit que tu arrêtais d'être vulgaire. » J'attends le jour où elle va me dire : « Pierre, on avait dit que tu me quittais ! »

CHARLES - Ça y est, t'es foutu toi…

PIERRE - Non, mais je suis obligé d'avoir des maîtresses intelligentes avec les qualités d'une épouse, c'est le monde à l'envers ! *(Il rit.)*

CHARLES - C'est peut-être une passade…

PIERRE - La connerie, c'est rarement une passade. Je l'ai voulue, je l'ai eue. Son père a quand même soixante pour cent de ma boîte ! De toute façon, Carole était prise… Tu m'as coiffé au poteau. J'ai eu le lot de consolation.

CHARLES - C'est de l'histoire ancienne…

PIERRE - Oui, mais je t'envie parfois. Tu sais ce que c'est que de vivre avec une huître ? Carole, au moins, elle est vive !

CHARLES - Chacun ses petits problèmes. Mais je n'ai pas à me plaindre. Excuse-moi, mais pourquoi elle dit sans arrêt « ping-pong » ? Elle veut faire un tournoi ou quoi ?

PIERRE - C'est un moyen de pression pour me faire taire. Parce qu'en vacances, une fois, elle m'a battu au ping-pong. Et je ne supporte pas de perdre… au ping-pong. Quand elle le dit, ça veut dire : « Si tu n'arrêtes pas, je dis à tout le monde que je t'ai massacré au ping-pong. » Et puis, c'est devenu une expression, je n'y fais même plus gaffe… *(Arrive Marie, avec une robe que lui a prêtée Carole, elle est très fière et la fait tourner.)* Ma pépette ! Comme tu es jolie ! Amour, bijou, joujou, pou.

MARIE - Tu sais qu'il y a des trésors dans son grenier ! J'ai même retrouvé un pull torsadé. Je ne sais pas si tu vois, les torsades. On n'en trouve qu'en province, des torsades... *(Un bip de portable sonne.)* Oh, c'est le mien ! C'est bizarre, d'habitude je ne capte jamais rien.

PIERRE *(à Charles)* - Tu vois ce que je te disais !

Marie écoute son message. Son faciès change.

MARIE *(à Pierre)* - Tu m'as appelée ?

PIERRE - Non, tu dois confondre.

MARIE - C'est bizarre, c'est... *(Puis elle s'éloigne pour écouter et devient livide.)*

CAROLE - En tout cas, nous on s'est bien amusées, et vous ? J'ai envie de dessert...

PIERRE - Non, ça nous a fait du bien de parler entre hommes, les choses sont plus claires maintenant. Marie, une mauvaise nouvelle ?

MARIE *(toujours à son portable, regarde dans le vide et dit d'une façon mécanique)* - Non, non. C'est juste toi qui dis à Charles que je suis conne, un boulet, que tu me trompes avec des femmes intelligentes, que tu étais amoureux de Carole, que je suis chiante... comme une huître. C'est juste ça.

Puis elle regarde partout, hagarde, cherche son sac et va pour partir, désorientée. Pierre la retient par le bras.

PIERRE - Qu'est-ce que tu racontes ? Mais t'es folle !

MARIE *(se débattant)* - Et folle en plus ! Toi, tu me lâches ! J'ai entendu toute votre conversation avec Charles, ne me raconte pas de conneries ! Ou alors, tu les racontes à mon avocat !

PIERRE *(la retenant, à Charles)* - Toi, t'es un salaud ! Une ordure ! Un pourri !

CHARLES - Si tu veux, on fait un concours. C'est pas moi qui pense tout ça de ma femme…

Marie arrive à se défaire de Pierre. Elle fonce dans la cuisine et revient avec une éponge dans une main.

MARIE - Personne ne m'approche, sinon je bouffe cette éponge !

CAROLE *(s'approche)* - Marie, j'en ai besoin et le supermarché est à sept kilomètres.

MARIE *(commence à arracher avec ses dents un morceau d'éponge qu'elle mastique difficilement)* - Que personne ne bouge !

PIERRE - Mais, Marie, je disais ça comme ça…

MARIE - Oui, eh bien moi, je dis : gros porc, je te quitte. Comme ça aussi ! Parce que j'ai peut-être pas inventé le fil à couper l'eau chaude, mais je suis suffisamment intelligente pour ne pas rester avec un connard pareil ! *(A Charles et Carole.)* Vous, vous avez entendu notre conversation sur la route, c'est ça ? Et vous savez qu'on sait que vous savez. Et Charles, c'est toi qui m'as appelée ? Très bien, cette vengeance ! C'est odieux, machiavélique, cruel, atroce… mais merci ! Si ça peut me permettre de ne pas bousiller mes cinquante prochaines années, à la limite, c'est ce qui m'est arrivé de mieux.

Pierre - T'es un salaud ! T'es un salaud ! Tu fous ma vie en l'air !

Charles - Dis donc, t'as commencé tout seul, comme un grand !

Marie *(seule)* - Je vous signale que je mange cette éponge !

Carole - Oui, d'accord. Bon appétit.

Les deux hommes se séparent.

Pierre *(emporté)* - On n'était peut-être pas très francs, peut-être des bourges qui n'y comprennent rien, mais vous, vous êtes vicieux, vous êtes des bourreaux ! Et c'est pire ! Et si tu veux tout savoir, j'assume tout ce que j'ai dit : oui, tu es un écrivain raté, t'es mauvais. Et même si t'avais du talent, tu vis dans un autre monde, tu n'arriveras à rien. T'es un gros nul.

Charles - Toi aussi t'es un gros nul !

Carole - Marie s'étouffe…

Pierre - Vous êtes des monstres, je vous dégueule… Parce que j'en ai rien à foutre, moi, j'ai pas besoin de vous, je me suis fait tout seul.

Carole - Pierre, Marie s'étouffe.

Charles - Moi aussi je suis tout seul.

Carole - Pierre, Marie s'étouffe ! *(Tout le monde se précipite sur Marie, à terre, qui s'étouffe.)* Faut qu'elle crache, faut lui mettre la tête en bas !

CHARLES - Ou plutôt les pieds en haut! Aide-moi à la tenir, Pierre.

Pierre et Charles la prennent par les pieds et la secouent.

CAROLE - Crache! Crache! Allez, crache!

TOUS ENSEMBLE - Crache! Crache!

Marie crache.

CAROLE - Merde, mon éponge! Ah, la soirée… *(Tous sont abasourdis sur le canapé. Le téléphone sonne.)* On va peut-être répondre cette fois-ci.

Charles va répondre.

CHARLES *(au téléphone)* **-** On peut dire que vous tombez bien, vous… *(A Pierre.)* C'est ton éditrice…

PIERRE - J'suis pas là.

CHARLES - Vous n'avez pas aimé, c'est pas grave, j'ai autre chose à proposer. Vous avez deux minutes?… Alors le pitch : c'est l'histoire de Popi le lapin, qui est avec son ami Tinou l'ours. Popi se penche et Tinou l'encule… Ça ne vous plaît pas? C'est pourtant frais!

PIERRE *(lui prenant le combiné)* **-** Oui, Jocelyne, c'est Pierre… Oui, je viens d'arriver, Charles plaisantait, en fait il a une autre idée. C'est l'histoire de deux amis qui viennent passer le week-end à la campagne et dans la voiture son portable à lui se déclenche…

CHARLES *(lui prenant le combiné)* **-** Oui, parce qu'il a mal verrouillé son portable…

MARIE *(lui prenant le combiné)* **-** Et dans la voiture, tous les deux ils n'arrêtent pas de dire du mal de leurs amis…

CAROLE *(lui prenant le combiné)* **-** Ce qu'il faut dire aussi, c'est que sa femme à lui elle est très bête. Non, je rigole !

NOIR

AVIS IMPORTANT

Cette pièce de théâtre fait partie du répertoire de la Société des Auteurs et Compositeurs Dramatiques, 11 bis rue Ballu 75442 PARIS Cedex 09. Tél. : 01 40 23 44 44. Elle ne peut donc être jouée sans l'autorisation de cette société.

Nous conseillons d'en faire la demande avant de commencer les répétitions.

Imprimé à la demande par Libri Plureos GmbH, Bad Hersfeld, Allemagne

Première édition, dépôt légal : avril 2004
N° d'édition : 030003
ISBN : 2-84422-398-2